Bakhtin & Freud:
uma crítica ao freudismo

Marcos Moura Vieira

Série Provocações Dialógicas
Organização e plano de edição do autor

Bakhtin & Freud; Bakhtin, Freud & Dostoievsky;
Bakhtin, Benveniste & Lacan; Bakhtin, Luria & Vigotsky;
Bakhtin, Schwartz, Faïta & Clot

MARCOS MOURA VIEIRA

BAKHTIN & FREUD:
uma crítica ao freudismo

Salmoura csipp
*Amster*dam - Recife
2016

BAKHTIN & FREUD
Livro um da Série Provocações Dialógicas - ano 2016

capa by Moura Vieira
Detalhe da obra: Captura do verde
Jonas Barros, mista sobre tela, 2013

Ficha catalográfica

Moura Vieira, Marcos Antonio, 1964-.
Bakhtin & Freud: uma crítica ao freudismo. Recife/Amsterdam:
Salmoura edições/CreateSpace Independent Publishing Platform, 2016
(Série Provocações Dialógicas, v. 1)
    ISBN-13: 978-1539751281
    ISBN-10: 1539751287
70p. : 12,7 x 20.32 cm

    1. Bakhtin, Mikhail Mikhailovich, 1895-1975 - crítica e
interpretação 2. Freud, Sigmund, 1856-1939. 4. Linguística 4. Análise do
discurso 5. Psicanálise
    I. Moura Vieira, Marcos II. Título III Série

                                    CDD 809.89.47
                                    CDU 82.09.882

Índice para catálogo sistemático
1. Estudos enunciativos: Discurso: Linguística 401.41
2. Análise do discurso: Psicanálise

www.marcosmouravieira/salmoura-pt

SUMÁRIO

AGRADECIMENTOS

Agradeço imensamente a Beth Brait pela leitura e ajustes
teóricos no processo de construção deste texto.
Agradeço aos colegas pesquisadores do Grupo de
Pesquisa/CNPq "Linguagem, identidade e memória",
em especial a Maria Inês Batista Campos.

1 INDRODUÇÃO

"A divisão do trabalho só se torna efetivamente uma divisão do trabalho quando se opera a divisão do trabalho intelectual e material. A partir desse momento a consciência pode realmente imaginar que ela é algo diferente de consciência prática existente, que ela realmente representa alguma coisa sem representar algo real."

(Marx e Engels em "A ideologia Alemã")

O presente ensaio[1] apresenta um comentário detalhado e analítico de dois textos sobre o freudismo assinados, em suas primeiras edições russas por Valentin Nikolaevich Voloschinov (1895-1936).

O primeiro texto, o artigo *A margem do social: ensaio sobre o freudismo*, foi publicado em 1925 na revista *Zvezda* (Estrela - revista de literatura, de política e de ciência popular) em Leningrado. O título do original em russo *Po tou stronou sotsialnovo*, aparece citado em alguns estudos em ingês e francês sob os títulos *Beyond the social (freudianism)*[2] e *Au dela du social: essai sur le freudisme*, respectivamente.

O segundo texto, o livro *O freudismo: ensaio crítico* foi editado em 1927 pela *Gosoudarstvennoyé izdatelstvo* (Edições Nacionais) em Moscou. O título do original em russo *Freydizm: krititcheski otcherk*, aparece citado em alguns estudos em ingês e francês sob os títulos *Freudianism: a critical sketch* e *Le freudisme: essai critique*, respectivamente.

O jovem Voloschinov destacou-se inicialmente como poeta e crítico musical e posteriormente desenvolveu metodologias de estudos literários enfocando mais especificamente o papel dialógico do discurso citado. Criticou o formalismo russo e aproximou-se do "novo marxismo" praticado na Universidade de Petrogrado, onde se formou em filologia, em 1927. Naquele período, entre 1925 e 1929, apareceram textos assinados por Voloshinov, Kanaev e Medvedev cuja autoria e/ou co-autoria é, por vezes, atribuída a Bakhtin.

Voloshinov conheceu Bakhtin em 1919, em Nevel. Tornaram-se amigos e habitaram num mesmo apartamento em Vitebski, até antes do casamento de Bakhtin em 1921. Desde então Voloschinov passou a fazer parte do chamado Círculo de Bakhtin, numa parceria que estendeu-se até a época que este viveu em Leningrado.

A participação de Bakhtin como autor dos escritos *O freudismo: ensaio crítico* e *Marxismo e filosofia da linguagem* foi confirmada por alguns relatos de pessoas próximas a Bakhtin e aos componentes do seu círculo, caso de Duvakin (2008: 290) e relatada por outros especialistas sobre o Círculo de Bakhtin (CLARK & HOLQUIST: 1998). Como não há consenso sobre o modo e o grau dessa colaboração, citamos duas posições sobre a questão que exemplificam os seus extremos. De um lado, Serguey Bucharow (1993) e Valentin Kozhinov (1994) sustentam que Bakhtin ditou os seus textos considerados controversos (do período de 1925 a 1929) a seus signatários Kanaev, Medvedev e Voloshinov (EMERSON, 2003: 100). De outro lado, o próprio Bakhtin recusou a autoria desses textos. Em 1973, na primeira das seis conversas gravadas com Viktor Duvakin, ao comentar sobre o poeta Viacheslav Ivanov (1866-1949), Bakhtin se pronuncia, como que de passagem a respeito da autoria de Voloschinov [...] *o caso é que eu tinha um amigo íntimo, Voloshinov... é autor do livro Marxismo e filosofia da linguagem, livro que, digamos, atribuem a mim. Bem...* (BAKHTIN, 2008: 80).

O consenso entre esses dois extremos é que o Círculo de Bakhtin partilhava interesses filosóficos comuns, debatia ideias e/ou analisava uma teoria ou obra em particular, a exemplo dos trabalhos de Proust, Bergson e Freud (EMERSON, 2008: 126), e, nesse diálogo produziu obras consideradas polêmicas em sua autoria, críticas e, também, proposições que até hoje permanecem um desafio de recepção, entendimento e desenvolvimento de suas propostas.

Para estudar as obras do Círculo de Bakhtin dedicadas a dialogar com Sigmund Freud (1856-1939) e sua escola psicanalítica, organizamos o nosso texto em três segmentos. No primeiro tratamos da contextualização histórico-social correlata ao momento da escritura do que chamamos de *textos do Freudismo* e comentamos sua recepção. No segundo, apresentamos o artigo e o livro sobre *O freudismo* e os comparamos quanto à estrutura e conteúdo. No terceiro, retomamos a questão dos termos, categorias e conceitos que tomaram forma nesta obra e comentamos os desdobramentos das suas ideias.

Marcos Moura Vieira

Notas do capítulo 1

1. O presente ensaio, revisto e ampliado, foi originalmente publicado com o título "O freudismo: uma crítica à ideologia psiquiátrico-psicanalítica" - In BRAIT, B. (Org.), *Bakhtin e o Círculo*. São Paulo : Ed. Contexto. 2009, p. 49-72.

2. Na tradução da Biografia de Bakhtin feita por Emerson o título aparece como "Para além do Social. Nossa tradução optou por nominar "À margem do social: ensaio sobre o freudismo".

2 O PROCESSO DE ESCRITA DO CONJUNTO DE TEXTOS RELACIONADOS À CRÍTICA AO FREUDISMO

A teoria psicanalítica começou a ser conhecida na Rússia no início do século XX. A princípio, circulou entre médicos e psiquiatras e progressivamente passou a ser conhecida por intelectuais e cientistas. Os escritos de Freud começaram a ser traduzidos e publicados em russo a partir de 1909, na revista *Psicoterapia*. Embora estudiosos e/ou tradutores dos textos do freudismo assinalem a receptividade favorável, e por vezes pouco crítica, das teorias psicanalíticas na Rússia (CLARK & HOLQUIST, 1998b; BEZERRA, 2004;

AUCOUTURIER, 2007), as referências a uma leitura sistemática de artigos de Freud, por parte dos estudiosos do círculo, remete ao ano de 1924 (CLARK & HOLQUIST, 1998b).

Bakhtin tinha 30 anos quando do artigo sobre o freudismo: "À margem do social". Morava em Leningrado e trabalhava na Instituto de História da arte e na Edições Nacionais, editora que mais tarde publicaria o livro *O freudismo*. No período em que Bakhtin morou em Leningrado, 1924 a 1929, o Círculo, que começara em Nevel, se estabeleceu com mais vigor e ampliou relações com poetas, literatos e cientistas. Dentre os seus amigos mais íntimos, além de Voloshinov e Medvedev, Bakhtin contava com o biólogo Ivan Ivanovich Kanaev[1] com quem partilhava ideias sobre teorias orgânicas. Kanaev também assinou dois textos atribuídos a Bakhtin que dialogam, indiretamente, com as ideias psicanalíticas. A resenha e o ensaio sobre o "Vitalismo contemporâneo" (KANAEV, 2009), publicados em 1926, tecem comentários críticos a Henri Bergson (1859-1941) e

Hans Driesch (1867-1941).

Emerson (1998: 124-125) considera que foi Kanaev o responsável por Bakhtin interessar-se por questões biológicas que diziam respeito ao córtex humano e suas dominantes no relacionamento do corpo com a matéria e no processo das percepções de intervalos de tempo e espaço, ou cronotopo, defendidas, por exemplo, pelo fisiologista A. A. Ukhtômski. Entretanto desde a época de estudante universitário as questões cérebro-orgânicas já faziam parte do horizonte de interesses do jovem Bakhtin.

Em 1973, durante a sua primeira conversa com Duvakin, Bakhtin comenta que, ao cursar a universidade de Novorossiski (Odessa), de 1913 a 1918, o seu interesse pela literatura andava *pari passu* com as suas leituras de teorias da linguística e da psicologia contemporâneas da sua época. Assinala a influência de dois professores: o linguista Aleksander I. Tomson (1906), ex-aluno de Filipp F. Furtunatov e especialista em linguística indo-europeia, eslava e russa e o psicólogo Nikolai Nicolaevich Lange (1893), ex-aluno de Wilhelm Wundt (1832-1920). Wundt, médico, filosofo e psicólogo alemão, fui fundador de um dos primeiros laboratórios de psicologia experimental na Rússia: o Instituto Experimental de Psicologia. Bakhtin ressalta que estudou linguística e psicologia em livros escritos pelos dois professores[2] e se estende em comentários sobre as pesquisas de Lange, a quem considerava *"certamente muito interessante, ainda que pouco agradável pelo seu carácter"* (BAKHTIN, 2008: 36). Prossegue Bakhtin:

> *...tinha uma obra... como era o título?... Problemas de psicologia, ou Ensaios de Psicologia, não me lembro exatamente. Nessa estavam recolhidos alguns trabalhos seus bem interessantes, só de psicologia. Em particular ele (Lange), além disso, ocupou-se do estudo científico da narcose e seu objeto para tal fim – isso já na Alemanha, quando estudava com Wundt – era ópio ou haxixe, não me lembro mais. E como psicólogo, como cientista, observava as suas reações: como a ação da narcose começava, como aumentava, como se desenvolvia, etc... Acerca dessas questões, em geral, existiam alguns trabalhos interessantes, mesmo que tais trabalhos circulassem pouco entre a gente, ou quase ninguém os estudasse. Nós conhecíamos... melhor o lado literário da questão, simplesmente porque Charles Baudelaire tinha escrito sobre o assunto numa obra famosa, o livro de título Les paradis artificieis* (BAKHTIN, 2008: 36).

Na sequência dessa fala, Bakhtin estabelece uma relação com a retomada feita por Baudelaire, no episódio *O devorador de ópio*, do livro *Confissões de um inglês opiófago* (1821), de Thomas de Quincey (1994) (que ele leu na tradução francesa da "Revue des deux mondes") e com a recepção da intelectualidade da sua época. Esboça a ideia segundo a qual os literatos geralmente não se ocupavam em analisar metodicamente as criações artísticas que iluminavam uma experimento sobre os sentidos e emoções humanas quando narrados detalhadamente a partir de uma experiência real.

Para Bakhtin, ao refletir sobre a adição ao uso do ópio ressaltando a sua influência na experiência objetiva e no pensamento interior, Thomas de Quincey destaca o poder dos sonhos influenciados pela experiência exterior no desenvolvimento da psique humana – e o faz 25 anos antes do nascimento de Freud. Bakhtin surpreende-se com o fato de que:

"Justamente Nikilai Nicolaevich Lange ocupou-se segundo, digamos, uma análise científico psicológica, estudando as condições das pessoas que consomem ópio... ou haxixe..." (BAKHTIN, 2008: 37).

Entretanto, o desenvolvimento do seu pensamento, quase em diálogo interior, é interrompido pela seguinte fala do entrevistador: "

Bem, mas estamos, por assim dizer, ziquezagueando, divagando. Então, o Departamento de estudos clássicos da Faculdade Histórico-Filológica da Universidade de Odessa, no seu todo, era muito respeitado pelo seu nível científico, não é verdade?' (idem: 37).

A partir de então, Bakhtin abandona as considerações diretas sobre o papel das teorias psicológicas em sua relação com o estudo do comportamento e do pensamento humanos e centra sua fala em questões "propriamente" linguísticas. Contudo, volta a citar Lange ao referir-se às leituras filosóficas que embasaram seu pensamento. Lembra Bakhtin:

Quando lhe perguntei – comecei muito cedo a ler os filósofos no original, em língua alemã – quando lhe perguntei sobre Hermann Cohen, professor da escola de Malburg [...] O primeiro, e muito importante trabalho de Cohen é Kant theorie der Erfabrung, ou seja, a teoria kantiana da experiência. Perguntei-lhe se esse livro era bom. Respondeu-me: "Parece que seja bastante bom", ou seja, ele não o havia lido (idem: 39-40).

Depreendemos da entrevista que, por um lado, Bakhtin reconhece a influência da escola da Psicologia Objetiva e, por outro, ele também a crítica recorrendo a categorias do pensamento filosófico Kantiano. Nesse sentido as ideias de Kant foram um importante contraponto para as leituras das teorias psicológicas e, mais tarde, para o estudo sistemático de Freud. De tal forma que, no começo de 1925, Bakhtin lhe dedicaria uma série de oito preleções, conhecidas como o *Curso sobre a crítica do juízo de Kant* (CLARK & HOLQUIST, 1998a: 126). Um conhecido estudo de Deborah J. Haynes (1995) assinala pontos de convergência com a filosofia kantiana pura.

"Tal como Kant, Bakhtin designa "a estética" como lugar de sobreposição, onde os interesses cognitivos (aberto, livre, impessoal, sistemático) e os interesses éticos (fechado, carregado de obrigações, pessoal) podem ser conciliados (HAYNES, apud EMERSON, 2003: 261).

Quanto aos estéticos eminentes do início do século vinte, Bakhtin, em geral, os refuta:

Os neokantianos ele critica por seu imperativo moral normativo; os expressionistas, como theodor Lipps, por seu entendimento reducionista da empatia; os impressivistas, como Alois Riegel e Eduard Hanslick, pelo papel exagerado que atribuíam ao Kunstwollen ou "vontade da forma"; os formalistas russos por sua estética materialista mecanicista e os teóricos da arte como diversão" (por exemplo Karls Gros), por subestimar o papel indispensável do outro na produção artística (idem: 261).

Percebemos – a partir dos depoimentos de Bakhtin e dos estudos dos especialistas – o desdobramento das primeiras correlações entre a Linguística, a Psicologia e a Filosofia. Nesse sentido, compreendemos que o interesse do Círculo em analisar detalhadamente a teoria psiquiátrico-psicológica mais influente da sua época, apesar de parecer alheio ao campo propriamente linguístico, mostra-se legítimo.

Isto posto, voltamos ao ponto da entrevista em que Duvakin interrompeu Bakhtin nas suas reflexões acerca de como a psicologia o levaria a desenvolver a questão das influências filosóficas sobre suas ideias linguísticas. Sem a pretensão de analisar a sequência das falas citadas anteriormente, queremos apenas comentar que seja na época rememorada por Bakhtin (início do século vinte), seja no momento da entrevista a Duvakin (anos setenta do século vinte), ou no processo de escritura deste ensaio (final da segunda década do século vinte e um), grosso modo, quando olhamos para as contribuições bakhtinianas somos atraídos a focalizar o que parece ser específico do domínio da ética e da estética do ponto de vista das teorias linguísticas. Entretanto, Bakhtin assinala, tanto em um diálogo da vida, (no início das sua primeira conversa com Duvakin) como no seu estado de arte (nas obras do freudismo) o lugar da teoria psicológica como um ponto de diálogo necessário com a linguística (pressupondo a filosofia nas fundações de ambas).

O Círculo de Bakhtin, ao dedicar a realizar uma série de discussões específicas sobre as ideias de Freud e ao escrever uma série de críticas dirigidas especialmente à sua escola psicanalítica, materializa a importância de dialogar criticamente com as ideias do pensamento em Psicologia como um dos pilares da teoria dialógica. Entretanto, na época em que foram publicados, os textos do freudismo tiveram circulação restrita e pouco contribuíram para firmar um contraponto dialógico à teoria psicanalítica. Se Freud sairá de moda e será execrado da cena intelectual russa nos anos seguintes, isso será o resultado de questões políticas mais do que científicas (CALVET, 1977).

Neste primeiro momento tratamos da contextualização histórico-social correlata ao momento da escritura do que chamamos de *textos do Freudismo* e comentamos sua recepção. Apresentamos, no quadro a seguir, um resumo organizativo da sequência cronológica dos eventos que consideramos importantes no diálogo que institui os textos do freudismo, ressaltando aspectos das ideias de Bakhtin e seu círculo sobre Freud e sua Escola psicanalítica.

Eventos fundadores da crítica do Círculo de Bakhtin ao Freudismo

Ano	Evento	Repercussão
1913 a 1918	Leituras de Bakhtin sobre Psicologia, em especial artigos da Escola Objetiva (Wundt).	Considera as descrições de eventos psicológicos (da perspectiva da observação e narrativa de uma experiência psíquica real) como fonte da reflexão da organização do pensamento humano.
1924	Leitura sistemática de Bakhtin e e seu Círculo, dos textos de Freud.	Prepara o grupo para as discussões sobre o papel contemporâneo da Psicanálise em suas correlações com o "novo" marxismo.
	Discussões, no Círculo de Leningrado, sobre a teoria psicanalítica.	Traça as linhas gerais de uma crítica sociológico-marxista à Psicanálise.
1925	Realização do "Curso sobre a Crítica do Juízo de Kant", ministrado por Bakhtin em oito palestras;	Estabelece um contraponto à percepção da correlação consciente (Kantiano) e Inconsciente (Freudiano).
	Publicação do artigo "A margem do social: ensaio sobre o freudismo", assinado Voloshinov.	Apresenta uma resenha crítica da teoria freudiana que destoa da tendência geral de colocar a Psicanálise ao centro das tentativas de fundar uma psicologia marxista.
1926	Publicação da resenha (parte 1) e do ensaio (parte 2) "O vitalismo contemporâneo", assinados Kanaev	Crítica, em primeiro plano, à teoria vitalista de Henri Bergson e Hans Driesch e, em segundo plano, a retomada dessas ideias pela Psicanálise.
	Publicação do ensaio "O discurso na vida e o discurso na poesia", assinado Voloshinov.	Opera, do ponto de vista filosófico-linguístico, a delimitação dos discursos na vida (tende ao subjetivo) com os discursos da arte (opera com o objetivo)
1927	Publicação do livro "O Freudismo: ensaio crítico". Assinado Voloschinov.	Fecha o círculo dos textos dedicados a dialogar com o freudismo, uma vez que "*sumaria e estende os argumentos contrários à psicanálise contidos nos trabalhos anteriores*" (Emerson, 2003: 195)

In MOURA VIEIRA, 2009: 54-55

Notas do capítulo 2

1. M. V. Ludina escreve em 1969 em um dos seus fragmentos de lembrança: "É necessário que eu escreva algo do gênero monografia também sobre Mikahil M. Bakhtin, 'Mich Miche' como o chamávamos nós, os seus amigos de toda uma vida. Quais ? Ficamos somente em dois. O biólogo Ivan Ivanovich Kanaev e eu, pecadora, todos os outros estão mortos e Ivan Ivanovich vive em Leningrado, como se sabe." (In Duvakin, 2008: 322).

2. A. I Tomson. o Manual de Linguística Geral (Obscée iazyovedenie), Odessa, 1906; N. N. Lange. Pesquisas Psicológicas (Psichologiseskie issledovanija), Odessa, 1893.

3 A RECEPÇÃO DOS TEXTOS DO FREUDISMO NO OCIDENTE E NO BRASIL

A primeira tradução dos textos do freudismo apresenta o livro de 1927 e foi publicada, em inglês, sob o título *Freudianism: a marxista critique*. Esta tradução foi retomada por I. R. Titunik e publicada como segunda edição, em 1987, sob o título: *Freudianism: a critical sketch*. Ambas são atribuídas a Voloshinov. A segunda versão apresenta um prefácio de James V. Wertsch que discorre sobre a proximidade do pensamento de Voloshinov com as ideias da psicologia de Lev S. Vygotsky (1886-1934) e uma introdução do tradutor que estabelece as relações entre o artigo de 1925 com o texto do livro publicado em 1927.

Comenta Titunik:

> *Uma investigação das relações entre os dois textos revelou que grande parte — aproximadamente três quartos — do artigo inicial foi incorporada literalmente ou em versão com algum grau de modificação no livro publicado posteriormente. De qualquer forma, e despeito de uma considerável sobreposição, o mais curioso, e mesmo surpreendente aspecto da inter-relação entre os dois textos foi a sua diferença (à parte, é claro, a mera diferença de tamanho). A diferença consiste no seguinte fato extraordinário: enquanto praticamente todos os pontos de ataque ao freudismo são representados em "À margem do social", o artigo está completamente desprovido de alguma teoria do discurso, de uma orientação direcionada ao problema da linguagem — desprovido, em outras palavras, precisamente daquilo que constitui o princípio diretor e a linha mestra do argumento do livro O freudismo. Por exemplo, o conceito de "reações verbais", que o autor do freudismo expõe no segundo capítulo (parte 1) do livro e por meio do qual ele implementa sua crítica a doutrina psicanalítica, não está presente de forma alguma no artigo: então, o livro, comparado ao artigo, contém uma dimensão epistemológica totalmente nova.*

Titunic esclarece, ainda, que na primeira publicação em inglês introduziu no título o termo critica marxista por considerá-lo apropriado à visão marxista do autor e o retirou da publicação de 1987, devido a polêmicas da comunidade científica quanto a assumir a ideologia marxista expressa pelo Círculo de Bakhtin e, também, atendendo a pedido expresso da editora. Assinala, ainda que o décimo e último capítulo, suprimido da edição de 1976 por ter sido considerado uma crítica de "paróquia" marxista (*"parochialiste"*), foi anexado a essa segunda. Esse capítulo tece uma crítica a autores russos que defenderam uma aproximação marxista do freudismo, em especial, dialogando com B. Bikhovski, Aleksander R. Luria (1902-1977), B. D. Fridman e A. B. Zalkind (1889-1965). O livro traz ainda o texto "Discourse in life and discourse in art", também assinado por Voloschinov, e um texto de Neal H. Brus, "Voloschinov and the basic assumptions of freudianism and structuralism".

A versão em língua francesa apareceu em 1980, sob a assinatura de Bakhtin, traduzida do russo por Guy Verret. Trata-se de uma das mais completas versões, pois trás os dois textos: o de 1925 e o de 1927. A introdução do livro é a tradução de um artigo de Kojinov e Konkine denominado "Mikhail Mikhailovicht Bakhtine: Bref aperçu de as vie et de son ouvre", que apareceu em *Problemas da poética e da história da literatura*, uma coletânea de artigos editada por ocasião dos 75 anos de Bakhtin e 50 da sua atividade científica. Trata-se de um excelente apanhado histórico do homem e do autor Bakhtin, mas chama atenção que nenhuma linha tenha sido dedicada a apresentar ou mesmo citar as obras do freudismo. Uma curta apresentação do livro, provavelmente de Verret, aparece na contracapa:

> *Assim como um outro livro: O marxismo e a filosofia da linguagem, publicado nas edições de Minuit, O freudismo foi publicado sob a assinatura de V. N. Voloshinov (Leningrad, 1927). Nós sabemos atualmente que este nome recobre aquele de Mikhail Bakhtin, um dos mais importantes críticos literários deste século, conhecido deveras pelo seu ensaio sobre Rabelais e seu excepcional estudo: Problemas da poética de Dostoievski, publicado nas edições L'Age d'Homme. O freudismo é uma das primeiras obras consagradas as relações do marxismo com a teoria freudiana e constitui uma peça maior do debate dos anos vinte na Rússia sobre os fundamentos teóricos da psicologia. Nesse livro, o leitor encontrará igualmente um excelente estudo sobre a vida e obra de Mikhail Bakhtin, assim como uma bibliografia atual de sua obra.*

A introdução sumaria a perspectiva de freudismo no Ocidente: uma revisão de fundamentos teóricos da Psicologia associados à adoção de ideias marxistas para a realização de uma leitura crítica das ideias de Freud.

Em 1999 foi disponibilizado em espanhol o livro Freudismo: um bosquejo crítico. Trata-se de tradução completa, feita a partir da versão em Inglês de 1987. Traz, portanto, junto com os dez capítulos, o prefácio de J. V. Wertsch, a introdução de I. R. Titunic, o posfácil de Neal Brus, assim como o ensaio "El discurso em la vida y el discurso em el arte: acerca de la poética sociológica".

A edição em português aparece em 2004 e também apresenta o livro de 1927, com tradução de Paulo Bezerra e colaboradores, a partir, provavelmente, da versão francesa. O livro, atribuído a Bakhtin e intitulado: *O Freudismo: um esboço crítico*, não apresenta a biografia do autor por Kojinov e konkine nem as listas cronológicas e bibliográfica de sua vida e obra que compõem a edição suíça. Esses textos foram substituídos por uma introdução do tradutor intitulada "Freud à Luz de uma filosofia da linguagem" (Bezerra, 2004: XI-XIX). A seguir, passamos a comentar a edição brasileira.

A apresentação tem o mérito de reconhecer que *no conjunto da discussão e da análise aflora o núcleo central, a própria medula do pensamento Bakhtiniano – o método dialógico* (idem: XI), entretanto, compreende que a crítica a Freud limita-se a um deslocamento do conceito de "inconsciente freudiano" para o de "consciência não-oficial". Dizendo de outro modo, entende que o autor adaptou a teoria psicanalítica à sua própria visão ideológica "marxista" de mundo. Tal como outras leituras contemporâneas dos escritos do freudismo, a introdução acentua uma apreciação valorativa negativa ao papel da crítica marxista à psicanálise. O problema não está em reconhecer uma ideologia no pensamento Bakhtiniano, uma vez que este pensamento reivindica para si uma tomada de posição ideológica incontornável, seja na vida seja na arte, mas em insistir em manter o pensamento psicanalítico como o centro das reflexões sobre a subjetividade humana. Ora, esta é justamente a crítica bakhtiniana de fundo ao freudismo, de se aventar a ser a única via para a compreensão do pensamento e do comportamento humano que seria basicamente prisioneiro do inconsciente. Nesse sentido, trata-se de uma apreciação que aplica as categorias freudianas para a leitura do texto Bakhtiniano que em sua essência opera, por assim dizer, com outras categorias. Tal opção ideológica é marcada em apreciações valorativas do freudismo tal como segue:

> *A ênfase no caráter de classe e na ideologia, marca registrada da época, atravessa toda a discussão da obra Freudiana por Bakhtin. Percebe-se um Bakhtin tentando tensamente firmar posição no debate ideológico da época, usando uma forma sumamente didática de persuasão do leitor para o acerto do seu enfoque e a importância do marxismo como método de análise...* (idem: XIII-XIV).

O comentário parece sugerir que o método sociológico, que no freudismo se materializa numa das suas primeiras versões em direção ao método dialógico, está "forçadamente" refém da ideologia marxista e que a afirmação desse método e não a crítica à psicologia subjetivista do freudismo, é o objetivo do livro.

Observamos um efeito de sentido semelhante em recente artigo de Michel Aucouturier (2007) "Le circle de bakhtine et la psychanalyse', que também trabalha com o livro de 1927. Acouturier opta por considerar os textos nomeados pelo filósofo Serge Averintsev como "deuterocanônicos", publicados entre 1925 e 1929, como de autoria dos seus primeiros autores uma vez que Bakhtin não os reivindicou, e defende que, no máximo, se poderia formular hipóteses sobre a sua eventual participação na escritura desses textos. Contudo, sugere que se poderia tentar "limpá-los" da sua roupagem ideológica, necessária na época da publicação para que passassem pela censura stalinista. Diz Aucouturier:

> *Em contrapartida, o que se poderia tentar, considerando o que nós conhecemos da obra de Bakhtin, seria a distinção do que se associa ao seu próprio pensamento da roupagem ideológica que se tornou necessária para que fossem publicados.*

Tal proposta tem implicações concretas na sua apresentação de trechos do livro de 1927. Mostramos, a seguir, o trecho escolhido por Aucouturier dentre os que apresentam o primeiro capítulo de *O freudismo* e o trecho que lhe corresponde na tradução de Verret.

Michel Aucouturier (2007)	Guy Verret (1980)
O motivo ideológico fundamental do freudismo é a substituição do instinto sexual, como único fator determinante da vida e da cultura humanas, ao fator histórico, ao lugar e [ao] papel [do homem] dentro da história, da classe, da nação, à época histórica a qual ele pertence[1].	Qual é o motivo ideológico central do freudismo? [...] Assim, o essencial no homem não é, de maneira nenhuma, aquilo que determina o seu lugar e o seu papel na história – a classe, a nação, a época histórica a que ele pertence; essenciais são apenas o seu sexo e a sua idade; tudo o mais é superestrutura erguida sobre estes elementos. A consciência do homem não é determinada pelo seu ser histórico, mas pelo ser biológico, cujo aspecto fundamental é a sexualidade. É esse o motivo ideológico central do freudismo[2].

Ao lermos os dois textos disponibilizados em francês a partir do original russo, percebemos uma grande diferença de acento apreciativo. A nosso ver, a tomada de posição de Aucouturier explica e executa uma tendência pré-avaliativa de alguns estudiosos desses textos, a qual não valoriza o papel das teorias marxistas e se empenham em minimizar ou neutralizar sua importância.

Aucouturier não deixa claro se trabalhou com a versão original do texto de 1927, fazendo a tradução direto do russo para o francês. O autor opta por considerar os quatro textos nominados pelo filosofo Serge Averintsev como "deutérocanoniques", publicados entre 1925 e 1928, como de autoria dos seus primeiros autores uma vez que Bakhtin não os reivindicou (idem: 147) e defende que no máximo se poderia formular hipóteses sobre a sua eventual participação na escritura destes textos (idem: 148). Contudo, sugere que se poderia tentar "limpa-los" da sua roupagem ideológica necessária, na época da publicação, para que passassem pela censura stalinista. Diz Acouturier:

> *Em contrapartida, o que se poderia tentar, considerando o que nós conhecemos da obra de Bakhtin, seria a distinção do que se associa ao seu próprio pensamento da roupagem ideológica que se tornou necessária para que fossem publicados.*[3] (idem: 148-149).

Ao nosso ver a tomada de posição de Aucouturier explicita "o pedido de desculpas" pela presença, em tão magnífica obra Bakhtiniana, de traços explícitos da ideologia marxista.

Nosso ensaio não se propõe a aprofundar estas polémicas, embora não se furte a colocá-las em pauta e de posicionar-se no sentido de, *a priori*, não apreciar negativamente a influência marxista nas ideias do Círculo e tampouco a aventar que lhe falta folego para desenvolver questões psicológicas. Nossa proposta é apresentar um resumo das duas obras e comparar o seu desenvolvimento, mas antes, disponibilizamos, abaixo, nos quadros 2 e 3, um apanhado indicativo das versões disponíveis em outras línguas.

Traduções de "A margem do social: ensaio sobre o freudismo"

Voloschinov (1925) *Po tou stronou sotsialnovo: o freydisme*				
Idioma	**Autoria**	**Título**	**tradutor**	**Ano**
Francês/russo	Bakhtin	*Au dela du social: essai sur le freudisme*	G. Verret	1980
Português/francês	Voloshinov Bakhtin	*A margem do social: ensaio sobre o freudismo*	M. Moura-Vieira	2008

In MOURA VIEIRA, 2009: 59

Traduções de "O freudismo: ensaio crítico"

Voloschinov (1927) *FREYDIZM: krititceski otcherk*				
Idioma	**Autoria**	**Título**	**tradutor**	**Ano**
Inglês/russo	Voloshinov	*Freudianism: a marxist critique*	I. R. Titunik	1976
	Voloshinov	*Freudianism. A critical Sketch*	I. R. Titunik	1987
Francês/russo	Bakhtin	*Le Freudism: essai critique*	G. Verret	1980
Espanhol/Inglês	Voloshinov	Freudismo: um Bosquejo critico	Jorge Piatigorosky	1999
Português/francês	Bakhtin	*O Freudismo: um esboço crítico*	Paulo Bezerra	2004

In MOURA VIEIRA, 2009: 60

Notas do capítulo 3

1. *Le « motirf ideologique fondamental du freudisme » est la substituition de l'instint sexuel, comme unique facteur déterminant de la vie et de la culture humaines, au facteur historique, à « la place et [au] rôle [de l'hômme] dans la histoire, la classe, la nation, l'epoque historique auxquelles il appartieny* (ACOUTURIER, 2007: 16).

2. *Quel est donc le message idéologique du freudisme ?*
   [...]
   [...]
   Dès lors, ce qui compte n'est plus ce qui nous assigne UNE OLACE ET UN ROLE DANS L'HISTOIRE (appartenance à UNE CLASSE, A UNE NATION, A UNE ÉPOQUE), mais seulement notre SEXE et notre AGE ; tout le reste n'est que superstructure. NOTRE CONSCIENCE NE DEPEND PLUS DE NOTRE ÊTRE HISTORIQUE, MAIS DE NOTRE ÊTRE BIOLOGIQUE, essentiellement défini par notre SEXUALITÉ.
   Tel est le message idéologique du freudisme (p. 88)

3. *Ce que l'on peut tenter en revanche, c'est, en parlant de ce que nous connaissons de l'oevre de Batkhtine, d'y distinguer ce qui sý rattache à sa pensée propre de l'habillage idéologique devenu nécessaire à leur publication.*

Marcos Moura Vieira

4 A MARGEM DO SOCIAL: ENSAIO SOBRE O FREUDISMO - 1925

Neste e no capítulo seguinte, apresentamos um panorama de dos ensaios sobre o freudismo de 1925 e 1927, atendo-nos a capítulos e partes. Em seguida, no capítulo 7, destacaremos um elenco de termos expressões e categorias que aparecem nas obras do freudismo e repercutem no conjunto dos trabalhos do Círculo de Bakhtin.

"A margem do social: ensaio sobre o freudismo" é composto de sete capítulos, sem título, perfazendo um total de aproximadamente 42 páginas.

No capítulo um é introduzida a questão da Psicanálise como ideologia de classe. Argumenta-se que em épocas de falência de um sistema socioeconômico, para que uma nova classe o substitua, sua ideologia se empenha em revisar os valores da história social do homem, assumindo apenas a parte biológica da forma aristotélica: o homem é um animal social. Nesse sentido, a Psicanálise, ao assumir a filosofia do biologismo – via um método de estudo subjetivo, que se afasta da história social para concentrar-se na autossuficiência orgânica do vivido – é um representante da ideologia burguesa. A sua "filosofia de vida" como inconsciente absoluto substitui com originalidade a "filosofia do espírito" e sua "consciência pura".

No capítulo dois é apresentada a teoria freudiana do inconsciente como uma proposição interpretativa de eventos psicológicos à margem do histórico, do social e da materialidade. Três proposições são destacadas: o método catártico, a teoria da repressão (o recalque, o método da livre associação) e o complexo de Édipo.

Explica-se que, inicialmente, Freud e Josef Breuer (1842-1925) partiram da descrição subjetiva de alguns experimentos empíricos realizados a partir de situações de consulta médico-psiquiátrica e propuseram o método catártico – utilizado como tratamento coadjuvante para afecções nervosas decorrentes de um trauma psíquico "esquecido" por um paciente. A catar-se ocorria, com a ajuda da hipnose, ao suprimir-se a amnésia levando a melhora dos sintomas nervosos.

Enquanto Breuer buscou, sem sucesso, uma explicação fisiológica para os resultados do método, Freud dedicou-se a desenvolver os aspectos "puramente psíquicos" da catarse chegando a proposição do "mecanismo de repressão", entendido como uma dinâmica psíquica que toma forma a partir da primeira infância no jogo de recalcar pulsões sexuais e do "eu". O sistema consciente busca orientar o desenvolvimento pelo princípio da realidade e da cultura, mas a libido (pulsão sexual) que ele refuta é acolhida no sistema psíquico inconsciente (que funciona pelo princípio do prazer e tudo domina na primeira infância), marcando os primeiros estágios do desenvolvimento da personalidade. O evento reprimido que marca a vida sexual infantil é a fixação da libido sobre a mãe que levará a criança a odiar o pai, formando no inconsciente o denominado complexo de Édipo.

No capítulo três é examinada a cientificidade da teoria psicanalítica. No início, suas ideias orientavam-se pela pratica médica com um propósito psiquiátrico, que buscava sanar problemas psíquicos via a conscientização de certas formações particulares do inconsciente (catarse). Logo em seguida, buscou-se uma análise interpretativa de certas formações particulares da consciência reduzidas as suas raízes inconscientes:[1] as formações patológicas (sintomas físicos, ideias delirantes, fatos patológicos do cotidiano como esquecimentos e lapsos de linguagem) e as normais (os sonhos, os mitos, a criação artística, a ciência).

No estudo específico dos sonhos distinguem-se dois tipos de formações inconscientes – de conteúdo manifesto e de conteúdo latente – e se propõe o método da livre associação para acessar os pensamentos latentes. Embora na prática da Psiquiatria o método associativo pouco acrescente ao sucesso de um real tratamento, o estudo ds sonhos é considerado um dos mais notáveis de Feud, pois, ultrapassando o enquadramento da psiquiatria, permite novas abordagens para velhas questões, tais como a sexualidade, a morte e os limites da loucura. Tais abordagens se afinam com imensos domínios ideológicos que respondem ao projeto da burguesia europeia e conquistam muitos adeptos.

O capítulo quatro desenvolve uma crítica a apresentação da psicanalise como Psicologia Objetiva, uma vez que esta adota os métodos *introspectivo* e *interpretativo* e opera com uma metáfora, primeiro topográfica e depois estrutural, do funcionamento mental. O princípio dicotômico das suas oposições, como, por exemplo, *prazer vs realidade*, acaba levando a generalizações monológicas que são atribuídas a uma massa de indivíduos que seriam guiados por um modo padronizado de funcionamento inconsciente.

No capítulo cinco e reafirmada a posição da Psicanálise como Psicologia Subjetivista uma vez que para Freud a materialidade, incluso a das pulsões, só existe a partir do momento em que é traduzida ("psicologizada") em um fator de existência interna do psiquismo. De tal forma que a necessidade material exterior é dissolvida no interior de um organismo biológico compreendido como um microcosmos de si mesmo que, embora associal e oposto a história cultural, pode determinar os limites da própria consciência. O ser que determina a consciência é sempre um ser interior, uma consciência ao avesso.

O capítulo seis trata da questão da prática da Psicanálise como uma relação privada e cindida entre médico e paciente. Fora das construções do duelo ideológico entre eles, a resultante da interpretação da livre associação institui a metáfora do inconsciente psicanalítico (a sexualidade infantil) como a fonte de todo o sentido. Tal metáfora, entretanto, é construída com um discurso da consciência ideológica burguesa que lhe é constitutiva.

No capítulo sete, conclui-se que o freudismo é uma Filosofia Subjetivista que tem como projeto a edificação de um mundo a margem do social, posto que o seu nó metafórico central reduz todas as relações complexas do mundo consciente, associadas a história e ao mundo social, a uma mesma origem para todos os problemas que ela deve tratar: a perda do paraíso uterino (o prazer pleno) via a experiência do traumatismo do nascimento (o princípio da realidade reprimindo o princípio do prazer).

Na reescrita a este texto será acrescido de aproximadamente oitenta páginas. A reorganização é acrescida de três novos capítulos e o conjunto do texto será subdividido em três partes.

5 O FREUDISMO: ENSAIO CRITICO - 1927

O livro é composto de 10 capítulos organizados em três partes, perfazendo um total de 120 páginas. As partes e os capítulos tem títulos, e os capítulos se subdividem em tópicos.

A primeira parte intitula-se *O Freudismo e as correntes atuais do pensamento em Filosofia e Psicologia* e divide-se em dois capítulos, o I *"o motivo ideológico central do Freudismo"* e o 2 *Duas tendências da psicologia atual.*

O motivo ideológico central do freudismo é apresentado como a proposição de que "a consciência do homem não é determinada pelo seu histórico, mas pelo ser biológico, cujo aspecto fundamental é a sexualidade" (BAKHTIN, 2004: 6).

As correntes do pensamento em Filosofia e Psicologia são divididas em subjetiva e objetiva. São exemplificadas como subjetivistas a Psicologia experimental *(école* de Wundt. James, Tchelpanov) e como objetivistas a relfexologia (Pavlov, Bekhténev) e o Behaviorismo (Watson, Parmelee, Dewey, Bolonski, Korniliv etc.).

Para a orientação subjetivista, a vida psíquica nos seria acessível diretamente em nós mesmos pela experiência intima (diversos estados experenciados interiormente como representações, sentimentos, desejos).

Para a orientação objetivista, a vida psíquica é acessível somente pelas manifestações exteriores dos outros ou dos animais, por meio de diferentes maneiras de reagir a estímulos (a experiência externa, reativa e táctil, da materialidade corporal).

Reafirma-se que o freudismo, embora se apresentando como Psicologia Objetiva, representa uma variedade da Psicologia Subjetiva.

A segunda parte denomina-se *Exposição do Freudismo* e compõe-se de quatro capítulos assim denominados: 3. *O inconsciente a dinâmica psíquica*; 4. *O conteúdo do inconsciente*; 5. *O método Psicanalítico* e 6. *A filosofia da cultura em Freud.*

Dedica-se a apresentação da teoria freudiana de forma mais didática e detalhada que no artigo. As relações entre inconsciente e consciente foram estabelecidas em três períodos cronológicos.

No primeiro (1890-1897), Freud e Breuer adotaram as idéias da Psiquiatria francesa. No segundo (1897-1914), Freud desenvolve a sua ideia original da teoria topográfica (consciente, pré-consciente e inconsciente) com os traços positivos e evitando generalizações (ideologemas). No terceiro (a partir de 1915), desenvolve-se a teoria estrutural que separa o inconsciente em e Ideal de ego (Superego) e iguala o consciente ao Ego. Bakhtin considera que, nesse período, sobretudo nos trabalhos de alunos e seguidores de Freud, a teoria psicanalítica se aproxima da doutrina metafisica de Schopenhouer e Hartman e "as questões gerais de concepção de mundo começam a predominar sobre as questões particulares e especiais (BAKHTIN, 2004: 27).

A terceira e última parte, *Critica ao Freudismo*, desenvolve-se em quatro capítulos, 7. *O freudismo como variedade da Psicologia Subjetivista*; 8. *A dinâmica psíquica como luta de motivos ideológicos*; 9. *Conteúdo da consciência como ideologi*a e finalmente o capítulo 10. *Crítica as apologias Marxistas do Freudismo.*

A teoria freudiana abdica de aspectos sociológicos e dialéticos e o seu método permanece de caráter subjetivo, pois explica os conflitos do comportamento humano do interior em vez de validar a experiência objetiva externa. Ao transferir para o inconsciente os elementos da consciência, conservando dela a diversidade de objetos e a precisão lógica, "a Psicanálise permanece integralmente fiel à ótica da experiência subjetiva interna" (BAKHTIN, 1980b: 167) e não pode enfrentar os problemas complexos e extremamente graves da produção do sentido que são indissociáveis da realidade exterior. Ao isolar a situação sociocultural como um elemento exterior, o subjetivismo freudiano mantém o paciente prisioneiro das fontes internas do sentido e anula a compreensão do seu pensamento como uma operação ideológica concreta.

O Círculo de Bakhtin questiona qual das duas experiências deve servir fundamentalmente a um estudo científico do comportamento e da psique humana: "a experiência ÍNTIMA-SUBJETIVA? A experiência EXTERNA-OBJETIVA? Ou, melhor, uma combinação particular de elementos emprestados as duas?" (idem: 99) E responde que ninguém poderia sustentar com seriedade que a "Psicologia deva se fundar exclusivamente sobre a experiência subjetiva e negligenciar totalmente os elementos que revelam a experiência externa" (idem: 99).

Quanto à pratica da Psicanálise, o Círculo entende que se desenvolve em uma relação social assimétrica entre o médico e o paciente que em si mesma atua como um elemento objetivo. Trata-se de um "clima social complexo e singular" (BAKHTIN, 2004: 79) em que se constroem as enunciações verbalizadas – "narrações e réplicas", que não podem ser atribuídas especificamente a quem as enunciou, posto que são "produto da enunciação entre falantes e, em termos mais amplos, produto de toda uma interação social em que ela surgiu" (idem, ibidem). Nesse sentido, como reconhecer as enunciações como produto do psiquismo individual de um paciente? A resposta é que as enunciações são produto da dinâmica social do médico e do paciente. Nesse caso, os chamados "mecanismos psíquicos inconscientes" não se oporiam apenas à consciência do paciente, mas também ao médico/terapeuta e as suas exigências e concepções. "A resistência também é, acima de tudo, uma resistência ao médico, ao ouvinte, em geral, a outra pessoa." (idem: 80) A conclusão é que, mesmo se o clima social (gênero social) da Psicanálise, em algum caso específico, ajuda no andamento dos diálogos do paciente e do psiquiatra, tal não lhe confere automaticamente o estatuto de ciência. O autor remete então para o seu artigo sobre o discurso na vida e o discurso na arte (que será objeto de nossas reflexões no segundo volume desta série).

Enfim, a proposição do Círculo de Bakhtin para a orientação dos estudos filosóficos-psicológicos e em ciências humanas é bastante precisa: adotar a concepção marxista observando três condições quanto a percepção do materialismo dialético:

1) trabalhar com uma filosofia e *psicologia objetiva* que lhe seja próxima;

2) não negar a realidade da *subjetividade*, uma vez que ela existe mesmo que não possa jamais ser descolada da *base material* do comportamento orgânico, e

3) A Psicologia humana deve ser sociologizada, ou seja, para se compreender o diálogo e o comportamento humano, é necessário adotar om ponto de vista de uma *sociologia objetiva.*

Uma investigação que respeite essas condições diminuirá o risco de cair no conto de um materialismo mecanicista e/ou *naif.* Nesse sentido, o estudo da subjetividade necessita de uma psicologia sociológica e dialética, que nós chamamos de Psicologia Dialógica. Para o autor dos textos do freudismo, é necessário:

> *Colocar-se decididamente sobre o terreno da experiência material externa e, a partir desse lugar, mostrar qual tipo de organização e QUAL GRAU DE COMPLEXIDADE da matéria determinará a aparição dessa nova qualidade, dessa nova propriedade da matéria mesma que é o PSIQUICO.* (BAKHTIN, 1980b: 102)

Apresentamos a seguir, um panorama geral da organização dos dois textos. Posto que as partes do ensaio de 1925 não apresentam título, aparece entre parêntesis uma indicação sobre o conteúdo de cada capítulo. Há, ainda, uma lista de termos e expressões que aparecem nos textos.

A estrutura de apresentação dos ensaios do Freudismo*

A margem do social: ensaio sobre o Freudismo (1925)	O Freudismo: ensaio crítico (1927)	
	Parte I: O Freudismo e as correntes atuais do pensamento em Filosofia e Psicologia	
Cap. 1 (introdução: a questão da psicanálise como ideologia de classe)*	Cap. 1	O motivo ideológico central do Freudismo
Cap. 2 (Apresentação da teoria do inconsciente)	Cap. 2	Duas tendências da psicologia atual
	Parte II: Exposição do Freudismo	
Cap. 3 (verificação da cientificidade da teoria psicanalítica)	Cap. 3	O inconsciente e a dinâmica psíquica
Cap. 4 (crítica a apresentação da psicanalise como psicologia objetiva)	Cap. 4	O conteúdo do inconsciente
Cap. 5 (validação da psicanálise como psicologia subjetivista)	Cap. 5	O método Psicanalítico
Cap. 6 (o inconsciente tal qual um discurso da consciência)	Cap. 6	A filosofia da cultura em Freud
	Parte III: Critica ao Freudismo	
Cap. 7 (conclusão: o freudismo como uma filosofia subjetivista voltada a edificar um mundo à margem do social)	Cap. 7	O freudismo como variedade da Psicologia Subjetivista
	Cap. 8	A dinâmica psíquica como luta de motivos ideológicos
	Cap. 9	Conteúdo da consciência como ideologia
	Cap 10	Crítica às apologias Marxistas do Freudismo

In MOURA VIEIRA, 2009: 66

* A correspondência entre os textos se restringe à numeração de cada parte e capítulo

6 RELAÇÃO DOS TEXTOS DO FREUDISMO ENTRE SI E COM OUTROS TRABALHOS DO CÍRCULO DE BAKHTIN

Alguns autores contemporâneos (BOGATYREVA, 1991; HAYNES, 1995) dividem os textos de Bakhtin em anteriores e posteriores a 1925 tomando como parâmetro o ponto em que a ética e a estética se articulam. Antes de 1925 os escritos de Bakhtin o colocavam no campo da estética alemã, quando sua atenção "ainda não havia sido assaltada pelas potencialidades da linguagem e suas ideias ainda estavam moldadas segundo metáforas espaciais" (EMERSON: 261). A partir de 1925, o pensamento de Bakhtin se voltaria, especificamente, para as questões da filosofia da linguagem, adotando uma perspectiva que institui uma teoria dialógica do discurso. Embora os textos do freudismo de certa forma escapem dessa divisão, não preenchendo as características dos escritos seja de um seja do outro período, para Titunic51, o artigo de 1925 não se dedica especificamente a aspectos discursivos, mas o livro de 1927 os desenvolve.

Em nossa leitura, reconhecemos que o artigo de 1925 assinala todas as questões que serão retomadas e desenvolvidas no livro de 1927. Observamos que em *A margem do social* a apresentação da teoria freudiana é a base para os comentários que ampliam a sua leitura com críticas dialéticas e novas proposições avaliativas dialógicas. Já em *O Freudismo*, a teoria psicanalítica é explicitamente um objeto a ser estudado com o rigor de um método objetivo. Dessa forma, a base estrutural, o arcabouço organizador do texto de 1927, formata o método sociológico objetivo que caracterizará os estudos posteriores dos textos "co-assinados", colocando o Freudismo no "divã" analítico do dialogismo. *Grosso modo*, poderíamos dizer que *À margem do social*, resenha a teoria freudiana por um prisma sociólogo-marxista e *O Freudismo* institui o método sociológico dialógico de análise de um determinado discurso, no caso, o discurso freudista-psicanalítico.

Indo um pouco mais além no espaço do diálogo social, podemos compreender que não são textos à margem, mas obras de passagem que ligam as questões da ética e da estética na vida com as questões que afinam o dialogismo do romance. Entretanto, não fazem a passagem do filosófico-psicológico ao filosófico-linguístico de forma monológica. Elege-se o objeto: a Psicanálise; explicita-se o projeto que esse discurso traça para si mesmo; verificam-se as referências que ele atualiza explicitadas do ponto de vista de um raciocínio teórico que as inventaria, compara, critica e esboça uma nova perspectiva. Nesse processo, firmam-se constitutivamente os modos de compreensão do homem dialógico, não psicanalítico.

Ao instituir a premissa do funcionamento do homem que pensa dialogicamente, ao dotá-lo de um aparelho psíquico que mobiliza ato e linguagem em uma perspectiva totalmente nova, que escapa do modelo do homem inconsciente e afirma o primado da consciência ideológica, os textos do freudismo recriam as bases do homem na vida que será o material dos seus estudos do homem na arte. Razão pela qual, no nosso estudo, se indica o texto "A palavra na vida e a palavra na poesia" como associado aos textos do freudismo, uma vez que coloca em prática no seu campo e espaço, do ponto de vista filosófico-linguístico, o modelo do homem construído na crítica ao inconsciente psicanalítico.

A questão da Filosofia e Psicologia objetiva e subjetiva apresentada no freudismo é retomada em *Marxismo e filosofia da linguagem* e reformulada no estabelecimento de duas correntes do pensamento filosófico-linguístico: o objetivismo abstrato e o subjetivismo idealista. A terceira via anunciada anteriormente é uma Psicologia sociológico-dialógica é ampliada para o estudo das ciências sociais no caminho dos estudos linguísticos, que com o homem consciente em diálogo com outras consciências tendo a palavra como o seu signo ideológico central, que só pode ser estudado em um gênero social especifico.

Observamos que, no caso do livro Marxismo e filosofia da linguagem, a terceira parte adota o modelo de homem dialógico e a concepção do seu funcionamento ¨psíquico¨ no estudo objetivo e analítico do homem que fala no romance via o discurso citado das personagens.

Desde então, mesmo que Bakhtin tenha percebido a

importância de Freud para a história do pensamento contemporâneo, a obra do Círculo não citará mais a psicanálise, e, mais importante, abolirá constitutivamente do seu horizonte apreciativo o modelo freudiano de pensamento *idcêntrico* e o seu ideal de subjetividade. Tal postura só é possível devido a existência de outra perspectiva para o funcionamento do homem que pensa no romance e na vida: a perspectiva dialógica bakhtiniana, à frente do seu tempo e que ainda não foi incorporada pelas ciências que se dizem signatárias das "verdades" da psique humana, a Psicologia e a Psiquiatria (MOURA-VIEIRA, 2003). Talvez por esse motivo, muitos estudiosos bakhtinianos sejam levados a criticá-lo por sua "falta de modelo" de subjetividade.

Perguntamo-nos se na prática contemporânea da recepção dos textos do freudismo a dita "lacuna subjetiva" do pensamento Bakhtiniano não estaria umbilicalmente associada àquele considerado "apêndice ideológico marxista".

Voltando a essa crítica à ideologia marxista direcionada à crítica bakhtiniana ao freudismo, pensamos que ela coloca um entrave para a compreensão do freudismo que de forma alguma reside no reconhecimento de uma ideologia no pensamento Bakhtiniano, uma vez que esse pensamento reivindica para si uma tomada de posição ideológica incontornável – seja na vida, seja na arte – mas repousa, paradoxalmente, em insistir em manter o pensamento psicanalítico como o centro das reflexões sobre a subjetividade humana. Ora, esta é justamente a crítica bakhtiniana de fundo ao freudismo, de se anunciar como a única via para a compreensão do pensamento e do comportamento humano que seriam basicamente prisioneiros do inconsciente.

De nossa parte, consideramos fundador que o Círculo de Bakhtin, nas suas leituras e no início dos escritos que instituirão o seu método dialógico, se dedique a reflexões sobre a teoria psicológica mais influente da burguesia do seu tempo, nascida no campo da medicina e da psiquiatria e que ainda hoje influencia amplos setores das Ciências Sociais. Não vemos esses textos como um desvio dos estudos propriamente linguísticos do Círculo e, muito ao contrário, pensamos que se pode considerá-los, na sua cronologia e proposições, como um dos pilares da constituição do pensamento dialógico (MOURA-VIEIRA, 2012).

Nesse sentido sugerimos que, ao se estudar as obras do freudismo, se enfrente o desafio de estabelecer um diálogo possível entre as ideias afeitas ao campo do linguístico e aquelas afeitas ao campo psíquico, sem perder o ponto de vista eminentemente sociológico e materialista científico do pensamento do Círculo Bakhtiniano.

Marcos Moura Vieira

BIBLIOGRAFIA

AUCOUTURIER, M. Le cercle de Bakhtine et la psychanalyse. In VAUTIER, Beneedicte (ed.), *Bakhtine, Volochinov et Medevedev dans les contextes européen et russe*. Slavica Occitania, n. 25, 2007, 143-161, 2007.

BAKHTIN, M. [Voloschinov, V.] (1925) Au Dela du social: Essai sur le freudisme. In: BAKHTINE, M. *Le Freudisme*. Trad. Guy Verret. Lousanne: Ed. L'Age d'Homme, 1980a, pp. 31-77.

_____. (1927) Le Freudisme: Essai critique. In: BAKHTINE, M. *Le Freudisme*. Trad. Guy Verret. Lousanne: L'Age d'Homme, 1980, pp. 79-212.

_____. (1926) Le discours dans la vie et le discours dans la poésie : contribution à une poétique sociologique. trad. Tzvetan Todorov. In TODOROV, T. *Mikhail Bakhtine le principe dialogique suivi de Ëcrits du Cercle de Bakhtine*. Paris Editions du Seuil. 1981, pp. 181-215.

_____. (1927) *O freudismo: esboço crítico*. Trad. Paulo Bezerra. São Paulo: Ed. Perspectiva, 2004.

_____. *Mikhail Bakhtin em dialogo: conversas de 1973 com Viktor Duvakin*. Trad. Daniela Miotelo Mondardo a partir da edição italiana. São Carlos: Pedro e João Editores, 2008.

_____. (1925) *A margem do social : ensaio sobre o freudismo*. Trad. do francês de Marcos Moura Vieira. Doc. de trabalho, 2008.

BEZERRA, Paulo. Freud à luz de uma filosofia da linguagem. In BAKHTIN, M. (1927) In *O freudismo: um esboço crítico*. Trad. Paulo Bezerra. São Paulo: Ed. Prespectiva, 2004.

FREUD, (1900) *L'interprétation des rêves*. Paris : Breal 2001a.

_____. (1901) *Sur le rêve*. Traduit de l'allemand par Cornélius Heim. Paris : Gallimard, 2001b.

CALVET, LOUIS-JEAN. Sous les Pavés de Staline la

plage de Freud? In Marx, Engels, Lafargue & Staline. Marxisme et Linguistique. Paris: Payot, 1977, pp. 9-40.

CLARK, KATERINA & HOLQUIST (1984). *Mikhaik Bakhtin*. Trad. J. Guinsburg. São Paulo: Ed. Perspectiva. 1998a

_____. (1984). Freudismo. In Mikhaik Bakhtin. Trad. J. Guinsburg. São Paulo: Ed. Perspectiva, 1998b, pp. 195-208

EMERSON, Carl. (1997) *Os 100 primeiros anos de Michail Bakhtin*. Trad. Pedro Jorgensen Jr. Rio de Janeiro: Editora Bertrand Brasil/DIFEL, 2003

GAY, Peter (1988) *Sigmund Freud: zijn leven en werk*. (Vert. uit het Engels door Bert van Rijswijk.) 2^{ede} druk. Baarn: Trion, 1989.

QUINCEY, de Thomas (1821) *Confessions of an English Opium-Eater*. Hertfordshire : Wordsworth Ed Limited, 1994.

KANAEV, I. *O vitalismo contemporâneo*. In BRAIT, B. (org.) Bakhtin e o Círculo. São Paulo: Ed. Contexto, 2009. 165 -197.

KOJINOV, V; KONKINE, S. (1973) Mikhail Mikailovitch Bakhtine: bref aperçu de sa vie et de son œvre. In: BAKHTINE, M. *Le Freudisme*. Trad. Guy Verret. Lousanne: L'Age d'Homme, 1980, pp. 11-23.

MOURA VIEIRA, M. O Freudismo: uma crítica à ideologia psiquiátrico-psicanalítica. In BRAIT, B. *Bakhtin e o Círculo*. São Paulo: Ed. Contexto. 2009, p. 49-72.

_____. (2002) *A Atividade, o discurso e a Clínica Médica: uma análise dialógica do trabalho Médico*. Charleston: CSIPP, 2012.

VEIN, A. A. Fjodfor Dostojevski: patiënt en auteur. *Tijdschrift voor Neuropsychiatrie & Gedragsneurologie*. Amsterdam, v. 7, n. 3, april 2008, pp. 80-83.

VOLOSHINOV, Valentin N. (1927) *Freudianism: A Critical Sketch* (Trad. I. R. Titunik. Indiana: Indiana University Pres. 1987.

_____. (1927) *Freudismo: un bosquejo critico*. Trad. Jorge Piatigoroski. Madrid: Ediciones Paidos Iberica, 1999.

PÓSFACIO

SÉRIE PROVOCAÇÕES DIALÓGICAS:

*a psiquiatria e a saúde mental no divã da
linguística aplicada aos estudos dialógicos da linguagem*

Receber a psiquiatria e a saúde mental no divã da
linguístico-análise na perspectiva dialógica implica em
redescobrir uma rede de relações sócio ideológicas que se
estabeleceram nos últimos 100 anos e que desafiam o
encontro das filosofias do sujeito com a operacionalização
profissional de práticas de cuidar da subjetividade.

Os textos escolhidos para compor a série "Provocações
Dialógicas" alcançam esse mote com aproximações
disciplinares diversas e abordagens pluridisciplinares
inventivas, mas sem a preocupação de criar uma teleologia.
O desafio é seguir o fio condutor de flexibilizar conceitos
da área da Linguística Aplicada aos Estudos da Linguagem
que tomam como natural o sujeito psicanalítico ao tempo

em que indica ao campos da Psiquiatria, da Saúde Mental e das Ciências humanas a impossibilidade da manutenção desse sujeito psicanalítico como fonte e fim das reflexões e proposições de compreensão da sua atividade real.

Na presente publicação revisitamos ensaios nos quais percorreremos o fio condutor teórico das práticas do cuidado biopsicossocial desde o início do século 20 até os dias atuais (em torno da segunda metade do segundo decênio do século XXI) – equilibrando-nos na vara da filosofia da linguagem do Círculo Bakhtiniano. Sabemos que tal batuta não assegura alguma travessia do inconsciente como fonte do sentido para o consciente como o sentido mesmo da subjetividade, mas cumpre a função de indicar esse norte. Em nossas "Provocações dialógicas" buscamos, garantir que nos mantivéssemos sobre as linhas de raciocínio da filosofia da linguagem Bakhtiniana e para tanto procuramos armar uma rede complexa de acabamentos. Para tanto, deixamos antes tombar o peso de muitas certezas – seguros de que a rede dialógica que tecemos tem a potência de acolher o corpo social e lança-lo de volta a um cronotopo aberto a acolher diferentes possibilidades de deslocamentos. A apresentação dos ensaios se organiza conforme segue:

No primeiro volume: *Bakhtin & Freud: uma crítica ao Freudismo*, lançamos as bases para a percepção da não adequação da adoção das ideias psicanalíticas nos estudos dialógicos de orientação bakhtiniana.

No segundo volume: *Bakhtin, Freud & Dostoievski: um diálogo sócio analítico*, revisitamos a leitura dialógica de Bakhtin e a leitura psicanalítica de Freud sobre a obra literária e a autoria de Dostoievski. O desafio aqui é mostrar que os estudos de crítica literária de orientação dialógica também não se adequam a uma leitura psicanalítica do ser no mundo.

No terceiro volume: *Bakhtin, Benveniste & Lacan: acabamentos da subjetividade*, nos aproximamos da linguística fundada no sujeito psicanalítico em contraponto com a filosofia da linguagem que busca um novo paradigma ao colocar o sujeito consciente ao centro dos seus estudos dialógicos.

No quarto volume: *Bakhtin, Luria & Vygotsky: repensando a atividade mental*, uma vez colocados os pilares de compreensão da subjetividade como um diálogo consciente do homem com seu meio social - administrando a não interpenetração da cultura e da vida, discutimos os desdobramentos que tal implica na mobilização de aportes sociolinguísticos e da psicologia do desenvolvimento no campo da pesquisa e compreensão da atividade humana.

No quinto volume: *Bakhtin, Schwartz, Clot & Faita: autoconfrontações.* Apresentamos os novos campos das ciências de estudo da atividade humana, a Ergologia e a Clínica da Atividade, como aliados da teoria dialógica bakhtiniana para continuar desenvolvendo a compreensão dos gêneros do discurso e da atividade implicados na materialização da cultura e da vida social.

Os cinco ensaios apresentam uma retomada, do ponto de vista do dialogismo do Círculo bakhtiniano, da teoria dialógica do sujeito e da subjetividade na sua correlação com a realidade das atividades teórico-práticas que dão conta de diferentes campos disciplinares.

Enfim, indicamos que o fiel de uma reflexão, estudo ou prática dialógica, se inscreve nos gêneros do discurso e da atividade humana que estão postos e se desenvolvem no horizonte social ampliado estabilizando modos diversificados de operar a consciência humana na afirmação cotidiana do ato responsável e singular do sujeito dialógico.

Nota sobre o autor: Marcos A. Moura-Vieira, brasileiro naturalizado holandês, nasceu em 1964 em Aracaju. Médico psiquiatra com Mestrado em Educação Pública e PHD em Linguística Aplicada aos Estudos da Linguagem. Formou-se no Brasil, estudou e atuou profissionalmente na França e na Holanda. Trabalhou como pesquisador e professor universitário nas áreas Saúde Mental & Psiquiatria e de Letras & Linguística. Sua tese "A Atividade e o discurso na Clínica Médica: uma análise dialógica do trabalho médico" (2002), foi publicada em 2012. Atualmente mora e trabalha em Recife, onde exerce a psiquiatria clínica.

Série Provocações Dialógicas

Ensaios

Vol. 1 – Bakhtin & Freud:
uma crítica ao freudismo

Vol. 2 – Bakhtin, Freud & Dostoievski:
um diálogo sócio-analítico

Vol. 3 – Bakhtin, Benveniste & Lacan:
acabamentos da subjetividade

Vol. 4 – Bakhtin, Luria & Vygotsky:
repensando a atividade mental

Vol. 5 – Bakhtin, Schwartz, Clot & Faïta:
autoconfrontações

Edições
Sal*moura*
marcosmouravieira@hotmail.com

www.ingramcontent.com/pod-product-compliance
Lightning Source LLC
Chambersburg PA
CBHW071329310526
45789CB00017B/2142